Consonant b

Say the name of each picture. Write the letter **b** three times if the picture begins like **b**all.

b b b

Draw a line from each uppercase **B** to each lowercase **b**.

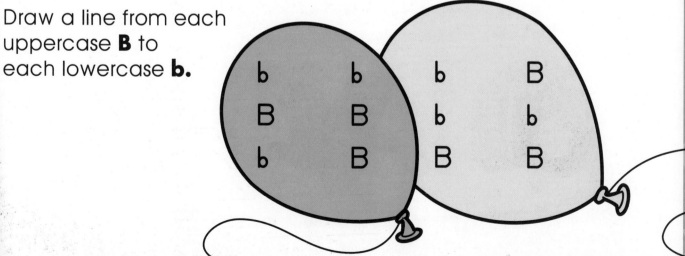

Consonant c

Circle the pictures that begin with the /**c**/ sound like you hear in **c**ake.

Consonant d

Say the name of each picture. Write the letter **d** three times if the picture begins like **d**ish.

d d d

Draw a line from each uppercase **D** to each lowercase **d**.

Consonant f

Draw a line from the fish to all of the pictures that begin with the **/f/** sound like you hear in **f**ish. Then color the pictures.

Practice writing the uppercase **F**.

Practice writing the lowercase **f**.

Consonant g

Practice writing the lowercase **g**.

Color all the pictures that begin with the hard sound of **g** like in **g**oat.

5

Consonant Review b, c, d, f, g

Say the name of each picture. Write the letter that begins each word.

Consonant h

Say the name of each picture. Write the letter **h** three times if the picture begins like **h**at.

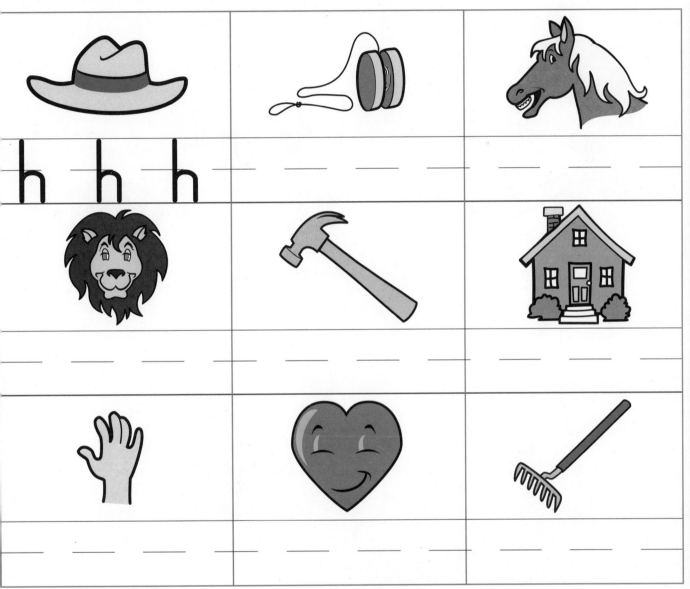

Draw a line from each uppercase **H** to each lowercase **h.**

Consonant j

Circle the pictures that begin with the **/j/** sound like you hear in **jacket**.

Practice writing the uppercase **J**.

Practice writing the lowercase **j**.

Consonant k

Circle the pictures that begin with the **/k/** sound like you hear in **k**ite.

Draw a line from each uppercase **K** to each lowercase **k.**

K	K
k	k
K	k
k	K
K	k

9

Consonant l

Say the name of the picture in each leaf. Color the picture
if it begins like **l**eaf.

Consonant m

Draw a line from the mouse to all the pictures that begin with **/m/** like in **m**ouse.

Practice writing the uppercase **M**.

Practice writing the lowercase **m**.

11

Consonant Review h, j, k, l, m

Say the name of each picture. Circle the letter that makes its beginning sound.

m k	h l	m h
k j	h j	k h
l k	m l	j m
h l	k m	h k

Consonant n

Say the name of each picture. Write the letter **n** three times if the picture begins like **n**ail.

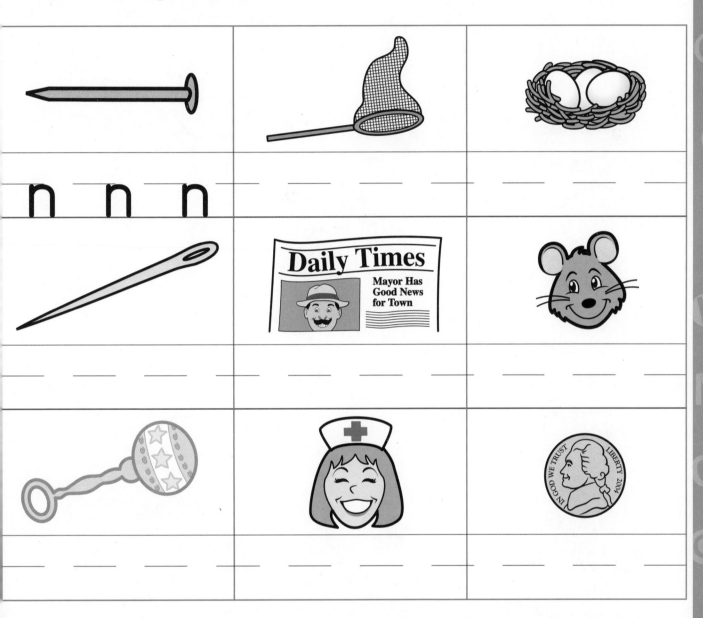

Draw a line from each uppercase **N** to each lowercase **n.**

N   N   n   N

n   n   N   N

n   n   N   n

N   N   n   n

13

Consonant p

Draw a line from the pig to all of the pictures that begin with the **/p/** sound like you hear in **pig**. Then color the pictures.

Practice writing the uppercase **P**.

Practice writing the lowercase **p**.

14

Consonant q

Say this little rhyme about the letters **q** and **u.**

Q and U are friends.

They always stay together.

So if you see the letter "Q"

it will soon be followed by the letter "U."

Color all the pictures that begin like **qu**een.

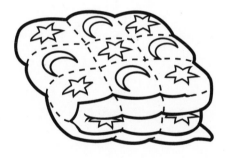

15

Consonant r

Draw a line from the rabbit to all of the pictures that begin with the /r/ sound like you hear in **r**abbit.

Practice writing the uppercase **R**.

R R

Practice writing the lowercase **r**.

r r

Consonant s

Say the name of each picture. Write the letter **s** three times if the picture begins like **s**un.

S   S   S

Say the name of each picture. Circle the letter that makes its beginning sound.

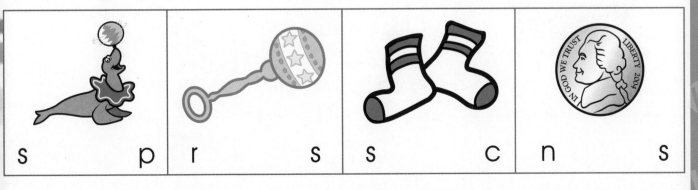

s   p   r   s   s   c   n   s

17

Consonant Review n, p, r, qu, s

Say the name of each picture. Write the letter that begins each word.

Consonant t

Color the pictures that begin with the **/t/** sound like you hear in **t**ent.

Say the name of each picture. Circle the letter that makes its beginning sound.

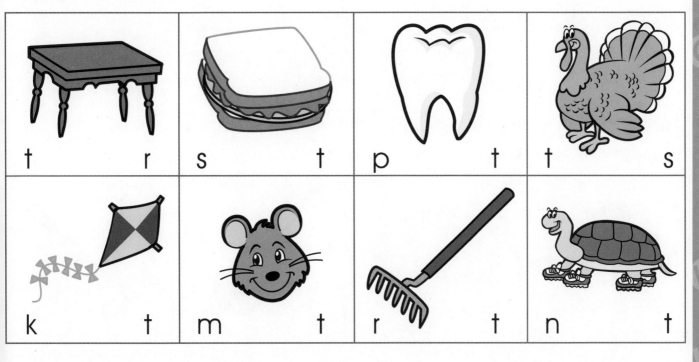

t r	s t	p t	t s
k t	m t	r t	n t

19

Consonant v

Color the pictures that begin with the **/v/** sound like you hear in **v**ase.

Say the name of each picture. Circle the letter that makes its beginning sound.

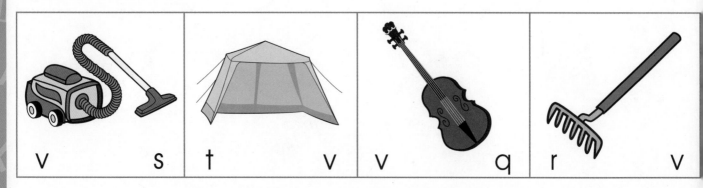

| v | s | t | v | v | q | r | v |

Consonant w

Say the name of each picture. Write the letter **w** three times if the picture begins like **w**agon.

W W W

w or r? Circle the **w** if the word begins like **wagon.** Circle the **r** if the word begins like **ring.**

w   r   w   r   w   r   w   r

21

Consonant x

Did you know that the letter "**x**" is usually heard at the end of a word? It makes the **/ks/** sound like in bo**x** or fo**x**. Say these words aloud: **six, mix, fix.**

Color the pictures that **end** with the **/x/** sound like you hear in fo**x**.

Consonant y

Say the name of each picture. Write the letter **y** three times if the picture begins like **y**awn.

y or w? Circle the **w** if the word begins like **wagon.** Circle the **y** if the word begins like **yawn.**

y   w   y   w   y   w   y   w

Consonant z

Circle the pictures that begin with the **/z/** sound like you hear in **z**ebra.

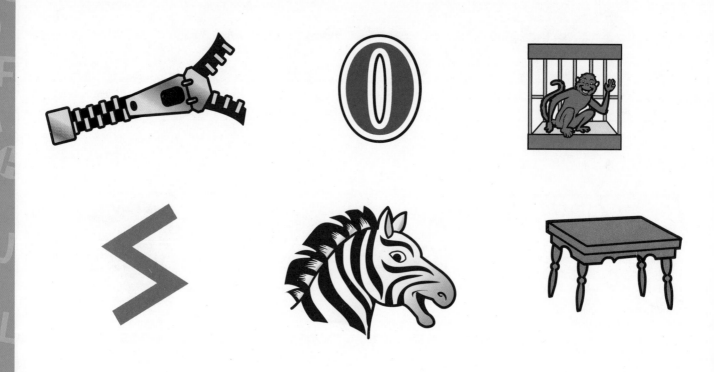

Say the name of each picture. Circle the letter that makes its beginning sound.

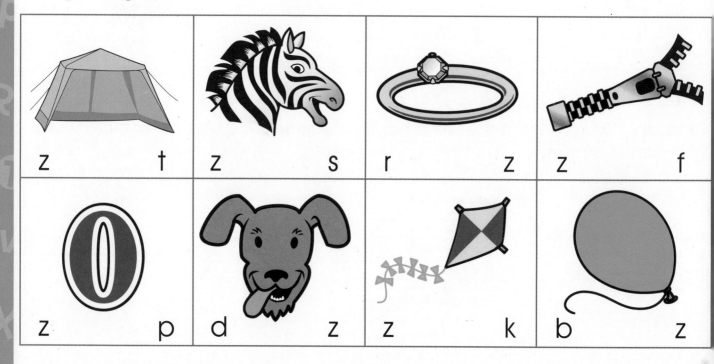

z t	z s	r z	z f
z p	d z	z k	b z

Learning About Short a

Cat has the short sound of **a**. Color the pictures that have the **short a** sound.

Look at each picture. Write an **a** to complete each word. Say each word.

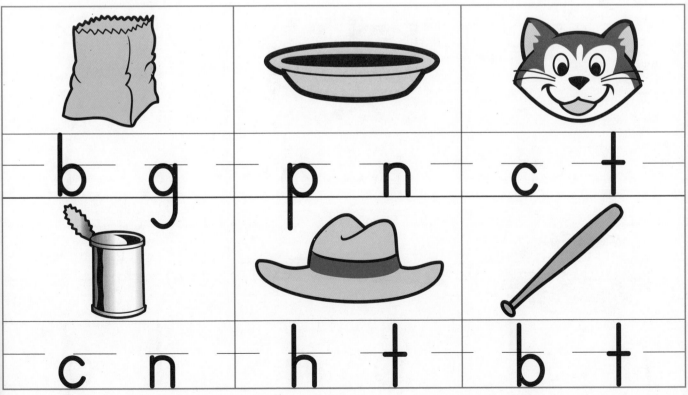

25

Learning About Short e

B**e**d has the short sound of **e**. Color the pictures that have the **short e** sound.

Look at each picture. Write an **e** to complete each word. Say each word.

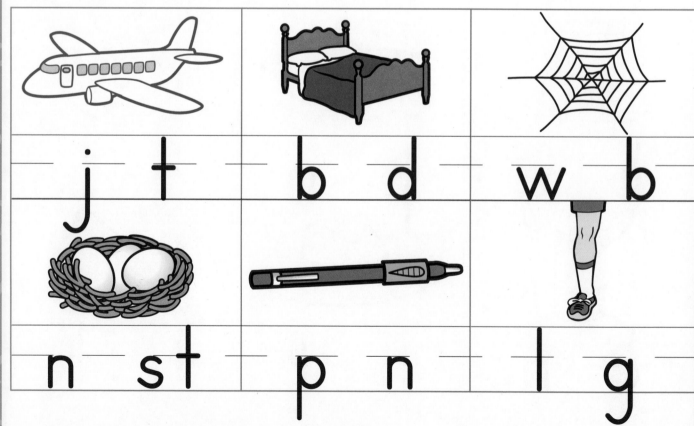

j t   b d   w b

n st   p n   l g

Learning About Short i

Bib has the short sound of **i**. Color the pictures that have the **short i** sound.

Look at each picture. Write an **i** to complete each word. Say each word.

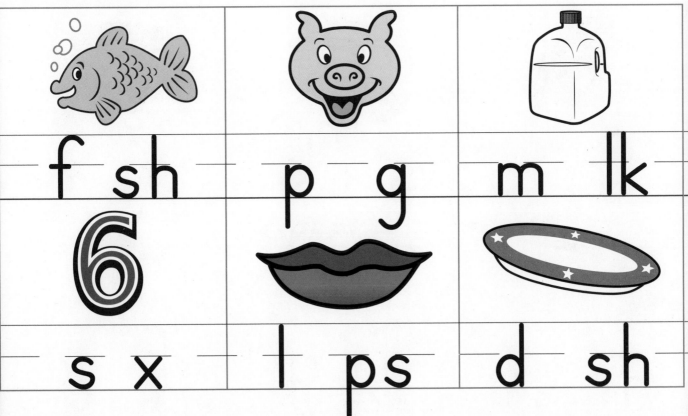

f_sh   p_g   m_lk

6   l_ps   d_sh

s_x

Learning About Short o

Mop has the short sound of **o**. Color the pictures that have the **short o** sound.

Look at each picture. Write an **o** to complete each word. Say each word.

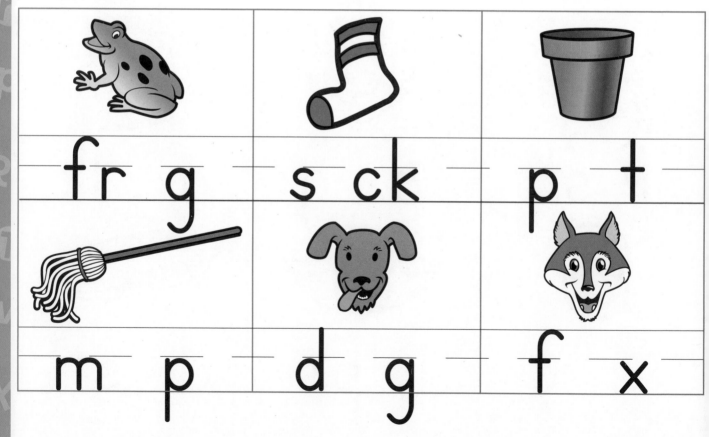

f r ___ g   s ___ c k   p ___ t

m ___ p   d ___ g   f ___ x

Learning About Short u

B**u**s has the short sound of **u**. Color the pictures that have the
short u sound.

Look at each picture. Write a **u** to complete each word.
Say each word.

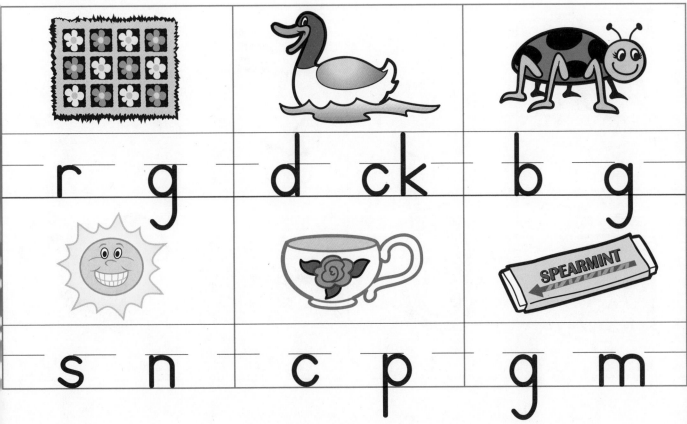

29

Short Vowel Review

Look at each picture. Circle the correct short vowel.

a e u   i o u   a u i   a e u

a i e   o e u   a e o   u a e

i a u   a e i   o u a   i a e

a u o   e a i   u a e   o a e

Write the Missing Vowel

Look at each picture. Write the missing vowel in each blank.
Say each word.

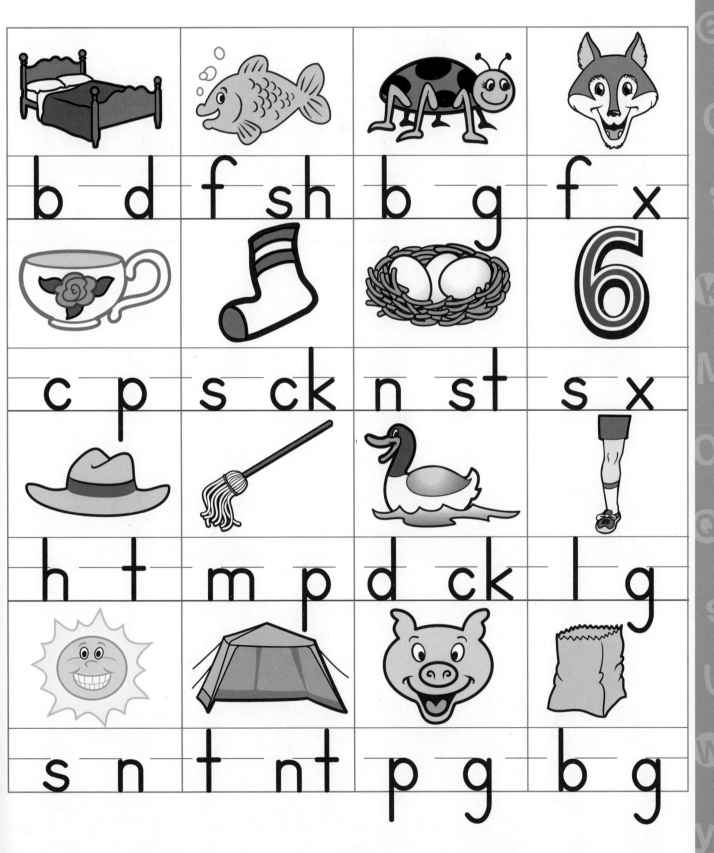

b __ d   f __ sh   b __ g   f __ x

c __ p   s __ ck   n __ st   s __ x

h __ t   m __ p   d __ ck   l __ g

s __ n   t __ nt   p __ g   b __ g

Find the Short Vowel Word

Circle the word for each picture.

hat hand hop	box frog fox	bip dig bib
bag bed deb	pig pan pen	dig drum fun
can cup bag	beg bag big	big bag bell
fish dish find	stop man mop	ten men pen

Silent e

When you see the letter **e** at the end of a word it will make the vowel say its name. The letter **e** will not make any sound.

 becomes

 becomes

Practice saying these words.	
short vowel sound	long vowel sound
mad	made
pan	pane
rat	rate
tap	tape
bit	bite
dim	dime
fin	fine
kit	kite
pin	pine
rip	ripe
hop	hope
not	note
rob	robe
tub	tube

33

Long Vowel a with Silent e

Unscramble the words and write them on the line. Look at the word box to help you.

word box

- cake
- plate
- snake
- lake
- gate
- cane
- name
- face

tlepa	keal
mane	ncea
agte	ckae
cfea	nskae

Long Vowel i with Silent e

Unscramble the words and write them on the line. Look at the word box to help you.

word box

bike

mice

dime

nine

five

bite

kite

pine

cmei	nnei
keit	beki
tbei	mied
vfie	ipen

35

Long Vowel o with Silent e

Unscramble the words and write them on the line. Look at the word box to help you.

word box

- bone
- nose
- hole
- rope
- note
- home
- joke
- rose

snoe	loeh
_____	_____
obne	moeh
_____	_____
koje	peor
_____	_____
sroe	tnoe
_____	_____

Long Vowels with Silent e

Say the name of each picture. Write the correct long vowel in the blank.

a

Reading Words with Short Vowels

Circle the correct word for each picture.

hand hen hat	dog dag dug	cap cupe cup
pin pen pan	sand sun sag	nest net note
bad bed bug	cate cat cut	fig fis fish
pan pene pen	bus bun bib	leg log lag

Reading Words with Short Vowels

Circle the correct word for each picture.

cup cap cape	leg lag lug	met man mop
pan pig pin	han hen hand	truck tuck tree
tan ten tene	shoe shipe ship	gum gun gume
pin pan pen	stand step stop	fix six socks

My Cat Ben

Write the correct word in each blank. Read each sentence aloud.

down	big	play	cat
Ben	run	park	tree

1. I have a _____ .

2. My cat's name is _____ .

3. He is a _____ cat.

4. Ben likes to _____ .

5. I _____ with my cat.

6. We go to the _____ .

7. Ben will climb a _____ .

8. I will help Ben _____ .

On the Farm

Write the correct word in each blank. Read each sentence aloud.

not	farm	trees	Rex
fish	help	dog	ducks

1. We live on a _____ .

2. I _____ feed the hens.

3. I play with my _____ .

4. My dog's name is _____ .

5. Rex likes to chase the _____ .

6. The ducks do _____ like Rex.

7. I like to _____ in the pond.

8. And I like to climb _____ .

41

Reading Words with Long Vowels

Circle the correct word for each picture.

can
cane
cup

bik
bat
bike

bon
bone
bat

rose
ros
roz

plane
plan
play

mule
mool
mul

dim
dime
dine

noz
nos
nose

plat
plate
played

rake
rak
rack

tub
tube
to

five
fiv
fif

Reading Words with Long Vowels

Circle the correct word for each picture.

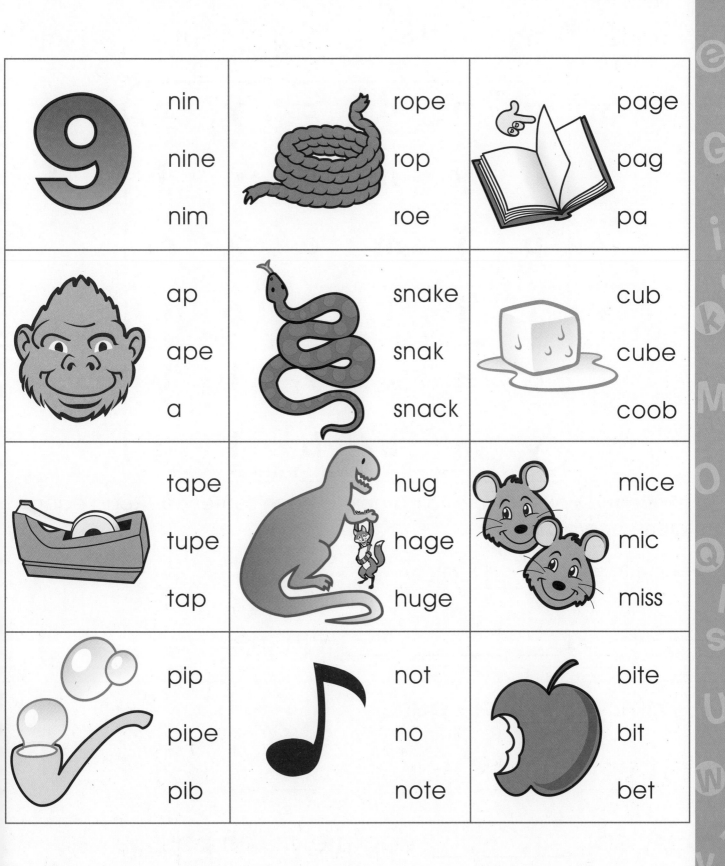

nin / nine / nim	rope / rop / roe	page / pag / pa
ap / ape / a	snake / snak / snack	cub / cube / coob
tape / tupe / tap	hug / hage / huge	mice / mic / miss
pip / pipe / pib	not / no / note	bite / bit / bet

Word Search

Find the following words in the word search puzzle.
Circle each word.

and	big	look	me	at	play

a n d r y n

b y n u a t

p j m e x m

l j l o o k

a o c f i u

y n e b i g

Write the correct word to complete each sentence. Read each
sentence aloud.

Look at ___ ___ play.

Can you ___ ___ ___ ___ with me?

I am ___ ___ the park.

___ ___ ___ ___ at the ___ ___ ___ dog!

My cat ___ ___ ___ dog are at the park.

44

Word Search

Find the following words in the word search puzzle.
Circle each word.

come	help	ran	go	jump	said

```
j  k  h  y  g  o
u  c  w  d  j  g
m  o  h  e  l  p
p  m  r  t  b  c
u  e  c  a  i  n
s  a  i  d  n  y
```

Write the correct word to complete each sentence. Read each sentence aloud.

Can you __ __ __ __ over to my house?

"Please __ __ __ __ me clean up,"
__ __ __ __ Mom.

I can __ __ __ __ up and down.

He __ __ __ and hugged his dad.

You may __ __ to the store.

45

Word Search

Find the following words in the word search puzzle.
Circle each word.

around   little   who   work   this   is

a	r	o	u	n	d
w	a	t	h	i	s
h	w	o	r	k	x
o	m	i	s	n	b
k	y	w	n	h	s
l	i	t	t	l	e

Write the correct word to complete each sentence.
Read each sentence aloud.

The __ __ __ __ __ __ bird flew away.

__ __ __ __ game is fun to play.

My dad __ __ at __ __ __ __ .

The dog ran __ __ __ __ __ __ the tree.

"__ __ __ will help me?" Asked the boy.

Word Search

Find the following words in the word search puzzle.
Circle each word.

stop   **went**   **can**   **see**   **no**   **will**

s f d s p w

u t c e w e

w x o e f n

i i f p l t

l c a n h l

l g t j n o

Write the correct word to complete each sentence.
Read each sentence aloud.

___ ___ ___ you climb the tree?

The boy said, " ___ ___ ___ ___ !"

" ___ ___, I will not stop," said the girl.

I can ___ ___ ___ the bird in the nest.

___ ___ ___ you play with me?

___ ___ ___ to grandma's house.

47

Word Search

Find the following words in the word search puzzle.
Circle each word.

yes   want   like   fast   you   good

f	o	l	y	o	u
a	y	w	i	z	y
s	e	a	e	k	g
t	s	n	j	u	e
q	a	t	h	v	h
b	i	g	o	o	d

Write the correct word to complete each sentence. Read each sentence aloud.

Do you ___ ___ ___ ___ to play catch?

___ ___ ___ , I would like to play catch.

You are ___ ___ ___ ___ at baseball.

___ ___ ___ are a ___ ___ ___ ___ runner.

I ___ ___ ___ ___ to hit the ball.